WRITE IT ALL OUT. EVERYTHING.

ALL YOUR LOVE, HAPPINESS, POSITIVITY.

This Journal Belongs to:

_____

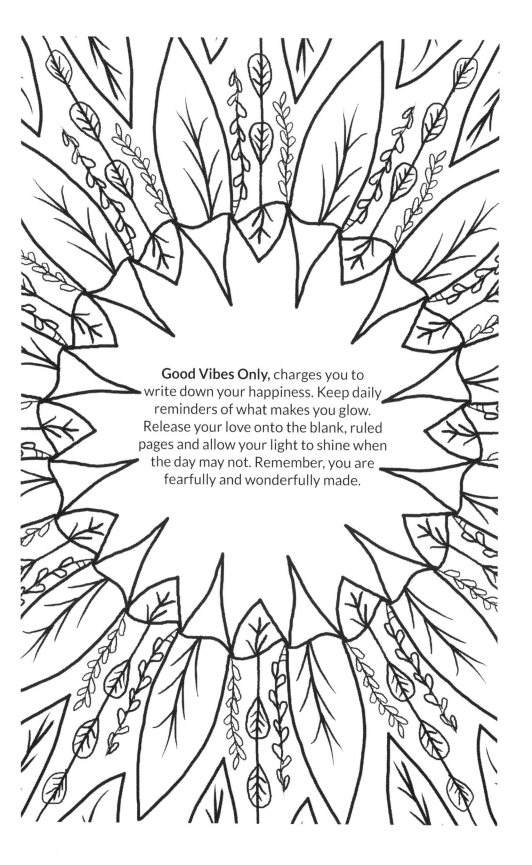

GOOD VIBES ONLY

GOOD VIBES ONLY

GOOD VIBES ONLY

GOOD VIBES ONLY

GOOD VIBES ONLY

GOOD VIBES ONLY

GOOD VIBES ONLY

GOOD VIBES ONLY

GOOD VIBES ONLY

GOOD VIBES ONLY

GOOD VIBES ONLY

GOOD VIBES ONLY

GOOD VIBES ONLY

GOOD VIBES ONLY

GOOD VIBES ONLY

GOOD VIBES ONLY

GOOD VIBES ONLY

GOOD VIBES ONLY

GOOD VIBES ONLY

GOOD VIBES ONLY

GOOD VIBES ONLY

GOOD VIBES ONLY

GOOD VIBES ONLY

GOOD VIBES ONLY

GOOD VIBES ONLY

GOOD VIBES ONLY

GOOD VIBES ONLY

GOOD VIBES ONLY

GOOD VIBES ONLY

GOOD VIBES ONLY

GOOD VIBES ONLY

GOOD VIBES ONLY

GOOD VIBES ONLY

GOOD VIBES ONLY

GOOD VIBES ONLY

GOOD VIBES ONLY

GOOD VIBES ONLY

GOOD VIBES ONLY

GOOD VIBES ONLY

GOOD VIBES ONLY

GOOD VIBES ONLY

GOOD VIBES ONLY

GOOD VIBES ONLY

GOOD VIBES ONLY

GOOD VIBES ONLY

GOOD VIBES ONLY

GOOD VIBES ONLY

GOOD VIBES ONLY

GOOD VIBES ONLY

GOOD VIBES ONLY

GOOD VIBES ONLY

GOOD VIBES ONLY

GOOD VIBES ONLY

GOOD VIBES ONLY

GOOD VIBES ONLY

GOOD VIBES ONLY

GOOD VIBES ONLY

GOOD VIBES ONLY

GOOD VIBES ONLY

GOOD VIBES ONLY

GOOD VIBES ONLY

GOOD VIBES ONLY

GOOD VIBES ONLY

GOOD VIBES ONLY

GOOD VIBES ONLY

GOOD VIBES ONLY

GOOD VIBES ONLY

GOOD VIBES ONLY

GOOD VIBES ONLY

GOOD VIBES ONLY

GOOD VIBES ONLY

GOOD VIBES ONLY

GOOD VIBES ONLY

GOOD VIBES ONLY

GOOD VIBES ONLY

GOOD VIBES ONLY

GOOD VIBES ONLY

GOOD VIBES ONLY

GOOD VIBES ONLY

GOOD VIBES ONLY

GOOD VIBES ONLY

GOOD VIBES ONLY

GOOD VIBES ONLY

GOOD VIBES ONLY

GOOD VIBES ONLY

GOOD VIBES ONLY

GOOD VIBES ONLY

GOOD VIBES ONLY

GOOD VIBES ONLY

GOOD VIBES ONLY

GOOD VIBES ONLY

GOOD VIBES ONLY

GOOD VIBES ONLY

GOOD VIBES ONLY

GOOD VIBES ONLY

GOOD VIBES ONLY

GOOD VIBES ONLY

GOOD VIBES ONLY

GOOD VIBES ONLY

GOOD VIBES ONLY

GOOD VIBES ONLY

GOOD VIBES ONLY

GOOD VIBES ONLY

GOOD VIBES ONLY

GOOD VIBES ONLY

GOOD VIBES ONLY

GOOD VIBES ONLY

GOOD VIBES ONLY

GOOD VIBES ONLY

GOOD VIBES ONLY

GOOD VIBES ONLY

GOOD VIBES ONLY

GOOD VIBES ONLY

GOOD VIBES ONLY

GOOD VIBES ONLY

GOOD VIBES ONLY

GOOD VIBES ONLY

GOOD VIBES ONLY

GOOD VIBES ONLY

GOOD VIBES ONLY

GOOD VIBES ONLY

GOOD VIBES ONLY

GOOD VIBES ONLY

GOOD VIBES ONLY

GOOD VIBES ONLY

GOOD VIBES ONLY

GOOD VIBES ONLY

GOOD VIBES ONLY

GOOD VIBES ONLY

GOOD VIBES ONLY

GOOD VIBES ONLY

GOOD VIBES ONLY

GOOD VIBES ONLY

GOOD VIBES ONLY

GOOD VIBES ONLY

GOOD VIBES ONLY

GOOD VIBES ONLY

GOOD VIBES ONLY

GOOD VIBES ONLY

GOOD VIBES ONLY

GOOD VIBES ONLY

GOOD VIBES ONLY

GOOD VIBES ONLY

GOOD VIBES ONLY

GOOD VIBES ONLY

GOOD VIBES ONLY

GOOD VIBES ONLY

GOOD VIBES ONLY

GOOD VIBES ONLY

GOOD VIBES ONLY

GOOD VIBES ONLY

GOOD VIBES ONLY

GOOD VIBES ONLY

GOOD VIBES ONLY

GOOD VIBES ONLY

GOOD VIBES ONLY

GOOD VIBES ONLY

GOOD VIBES ONLY

GOOD VIBES ONLY

GOOD VIBES ONLY

GOOD VIBES ONLY

GOOD VIBES ONLY

GOOD VIBES ONLY

GOOD VIBES ONLY

GOOD VIBES ONLY

GOOD VIBES ONLY

GOOD VIBES ONLY

GOOD VIBES ONLY

GOOD VIBES ONLY

GOOD VIBES ONLY

GOOD VIBES ONLY

GOOD VIBES ONLY

GOOD VIBES ONLY

GOOD VIBES ONLY

GOOD VIBES ONLY

Thank YOU

Your ongoing support means the the world to me. As we journey through life together, may you find peace and purpose along the way. I hope these journals bring a little piece of joy to your life as you fill the pages with your thoughts & dreams; even your worries and prayers. Make time for yourself today and everyday.

IF YOU LOVE THE USE OF THIS JOURNAL AS MUCH AS I KNOW YOU WILL, PLEASE LEAVE AN AMAZON REVIEW SO OTHERS CAN LOVE IT, TOO! THANK YOU FOR YOUR CONTINUED SUPPORT.
— E Michelle

Find journals, prints, & more
available across my online platforms!

Follow for more on Instagram & Facebook @illustratedmelanin!

Illustrated Melanin

Made in the USA
Columbia, SC
04 November 2021